Carreras asombrosas y asquerosas

TRABAJOS ASQUEROSOS CON LA BASURA

Mary E. Bleckwehl

BLACK RABBIT BOOKS

Hi Jinx es una publicación de Black Rabbit Books
P.O. Box 227. Mankato. Minnesota. 56002.
www.blackrabbitbooks.com

Marysa Storm, editora; Michael Sellner, diseñador del interior;
Traducción de Travod. www.travod.com

Información del catálogo de publicaciones de la biblioteca del congreso
Names: Bleckwehl, Mary Evanson, author.
Title: Trabajos asquerosos con la basura / by Mary E. Bleckwehl.
Other titles: Disgusting garbage jobs. Spanish Description: Mankato, Minnesota : Black Rabbit Books, undefined |
Summary: "Garbage collector. Landfill gas operator. These garbage jobs are gross, but someone has to do them! Let readers explore these and other awesome, disgusting jobs that keep their world running smoothly through witty, conversational North American Spanish text, a stunning design, fun facts that add additional context, and critical thinking questions that encourage readers to take key concepts one step more. A table of contents, glossary with pronunciations, further resources, and an index all enhance comprehension in a beginning reader format"– Provided by publisher.
Identifiers: LCCN 2021055834 (print) | LCCN 2021055835 (ebook) | ISBN 9781623108144 (hardcover) | ISBN 9781644666159 (paperback) | ISBN 9781623108205 (ebook) Subjects: LCSH: Refuse collectors–Juvenile literature. | Refuse collection–Juvenile literature.
Classification: LCC HD8039.R46 B5418 2023 (print) | LCC HD8039.R46 (ebook) | DDC 628.4/4023--dc23/eng/20211117
LC record available at https://lccn.loc.gov/2021055834
LC ebook record available at https://lccn.loc.gov/2021055835

Impreso en los Estados Unidos de América

Créditos de las imágenes

123RF: pooterjon, 17; Alamy: Ashley Cooper, 12; Benedicte Desrus, 18-19; Jim West, 12; Matt Crossick,. 8; iStock: FrankRamspott, 16; Science Source: Jim Varney, IS; Shutterstock: Alica in Wonderland, Cover, 12, 21; Angeliki Vel, 4, 5, 16; Arcady, 13; degetzica, 10-11; ekler, 9; kaband, 12; LoopAJJ, Cover, I, 5, 6, 20; Lorelyn Medina, 2, 3, 14, IS; M2020, IO; Memo Angeles, 20, 21; Moriz, Cover, 4, S; Nicole Glass Photography, 7; Pasko Maksim, 6, 23, 24; picoStudio, 9, 18; Pitju, 21; Ron Dale, 5, 6, 20; Rosamar, 7; Sogno Lucido, IO, 23; Teeradej, 14; Tony Oshlick, IO, 23; totallypic, 19; Vectors bySkop, 16, 17; your, 4

CONTENIDO

Capítulo 1

EL TRABAJO SUCIO VALE LA PENA

Tal vez trabajar con basura no sea el trabajo de tus sueños. Después de todo, la basura generalmente es súper asquerosa. Pero estos trabajos son súper importantes. Mantienen al mundo limpio y seguro. También pueden ser muy geniales. Tápate la nariz y sigue leyendo. ¡Es hora de descubrir que los trabajos relacionados con los desechos no son solo un montón de **basura**!

Capítulo 2

LOS TRABAJOS

Recolector de basura de los parques

El letrero del parque dice: «No deje rastro». Pero no todos siguen las reglas. Eso significa que los recolectores de basura de los parques deben ponerse a limpiar. A veces, estos trabajadores tienen que soportar el olor de comida podrida. Otros días, tienen que quitar animales muertos. Los recolectores hacen estos trabajos asquerosos para que los visitantes quieran volver.

Los visitantes generan cerca de 100.000.000 de libras (45.359.237 kilogramos) de basura en los parques nacionales cada año.

recogiendo la basura

quitar animales muertos

Conservador de centros de espectáculos

¡Imagínate ver el Super Bowl o un concierto gratis! Los **conservadores** de espectáculos pueden hacerlo. Pero solo cuando el deber los llama. Hay refresco derramado y salsa en la Sección 12. Hay vómito trocitoso sobre las escaleras. Los botes de basura están desbordados. Aún peor, los baños apestosos necesitan atención. Los conservadores trabajan duro antes, después y durante los espectáculos.

El Super Bowl produce mucha basura. Produce unas 160.000 libras (72.575 kg) de basura.

Recolector de basura

¡Uy! ¡Esa basura apesta! Gracias al cielo que hay recolectores de basura. Algunos manejan enormes camiones de basura. Otros suben y bajan saltando para vaciar los botes en los camiones. Pero este trabajo no se trata solo de conducir y arrojar. Se trata de oler pañales sucios y vísceras de pollo. Este trabajo es súper asqueroso. Pero también es importante. Los recolectores de basura se llevan la basura que puede provocar **enfermedades**. ¿No es asombroso?

vertedero

recolectando el gas

quemando el gas

Operador de la planta de gas del vertedero

Después de que la basura ha sido recolectada, se lleva al vertedero. Allí, la basura produce gas **metano** mientras se pudre. Este gas es peligroso. Les toca a los operadores de la planta de gas del vertedero mantener este peligro bajo control. Algunos queman el gas. Otros, usan máquinas para convertir el gas en energía útil.

Un parque de Virginia tiene dos montañas de basura. ¡Así es! La gente hizo estas montañas combinando tierra con basura. La montaña principal mide 800 pies (244 metros) de largo.

Técnico de sala de operaciones

Después de una cirugía, la sala de operaciones puede parecerse a una zona de guerra. Pueden haber quedado sangre y pedacitos de huesos. El trabajo de un **técnico** de sala de operaciones es limpiar todo eso. Quitan partes del cuerpo y tiran ropa a la basura. Restriegan todo. Estos trabajadores también preparan las salas. Luego, ayudan durante las cirugías. Su trabajo mantiene a las personas a salvo y limpias durante toda la cirugía.

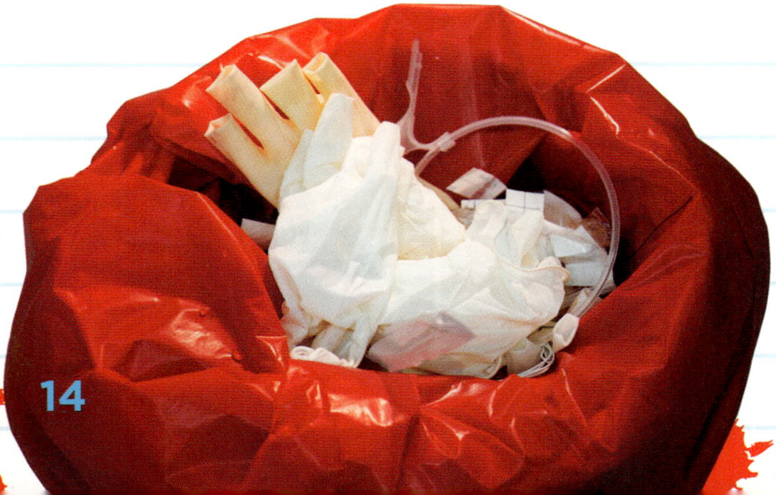

In the 1800s, surgeons wore coats covered with dried blood. It was a sign of how experienced they were.

Recolector de animales atropellados

¿Ves ese animal muerto en la carretera? Le toca a los recolectores de animales atropellados quitarlo. Mover animales muertos suena fácil pero es difícil. El tráfico pasa volando junto a ti a velocidades peligrosas. El olor es asqueroso. ¡Y puede ser que el animal no esté REALMENTE muerto! Por su seguridad, estos trabajadores usan guantes y otro equipo protector. Usan palas para levantar a los **fallecidos**. Cuando se trata de animales más pesados, ellos usan elevadores.

Limpiador de escenas del crimen

A veces, suceden cosas horribles, como asesinatos. Después de estos terribles crímenes, entran los limpiadores de escenas del crimen. Los limpiadores raspan para levantar partes de cuerpos. Ellos lavan las calles salpicadas de sangre. Estos trabajadores deben estar listos para trabajar a cualquier hora. El equipo protector, como trajes para **riesgo biológico**, los mantiene a salvo de gérmenes y enfermedades. Pero, aún así, necesitan un estómago resistente para hacer este trabajo.

Los limpiadores de escenas del crimen pueden ganar hasta $80.000 al año.

Capítulo 3
¡Éntrale a la diversión!

¿Cómo se obtiene un trabajo relacionado con la basura? La mayoría de los trabajos relacionados con la basura requieren un diploma de escuela secundaria. Luego, hay mucho aprendizaje sobre la marcha. Algunos trabajos requieren de capacitación técnica o de un título universitario. Pero se necesita tener un estómago resistente para cualquiera de estos trabajos. ¿Crees que estás hecho para eso?

Da un paso más

1. La cantidad de basura sigue creciendo, pero el mundo no. Investiga tres maneras en las que puedes **reducir** la basura.

2. ¿Cuál es el trabajo de este libro que nunca podrías hacer? ¿Por qué?

3. ¿Qué **rasgos** harían a una persona buena para los trabajos de este libro?

GLOSARIO

basura: residuos

conservador: persona que limpia y cuida un edificio

enfermedad: un padecimiento que afecta a una persona, animal o planta

fallecido: que ya no vive

metano: gas incoloro que no tiene olor y que puede quemarse como combustible

peligro biológico: una afección o agente corporal que es un peligro para los humanos o el medio ambiente

rasgo: característica o cualidad

reducir: hacer que algo sea de menor tamaño, cantidad o número

técnico: persona preparada sobre los detalles o las técnicas de una materia, arte o trabajo

ÍNDICE